上海市工程建设规范

城市轨道交通智慧车站技术标准

Technical standard for smart station of urban rail transit

DG/TJ 08—2399—2021
J 16110—2022

主编单位：上海申通地铁集团有限公司
批准部门：上海市住房和城乡建设管理委员会
施行日期：2022 年 6 月 1 日

同济大学出版社

2024 上海

图书在版编目(CIP)数据

城市轨道交通智慧车站技术标准 / 上海申通地铁集团有限公司主编. —上海：同济大学出版社，2024.6
ISBN 978-7-5765-0723-2

Ⅰ.①城… Ⅱ.①上… Ⅲ.①智能技术－应用－城市铁路－铁路车站－管理－技术标准－上海 Ⅳ.
①U239.5-39

中国国家版本馆 CIP 数据核字(2024)第 071260 号

城市轨道交通智慧车站技术标准

上海申通地铁集团有限公司　主编

责任编辑　朱　勇
责任校对　徐春莲
封面设计　陈益平

出版发行　同济大学出版社　　www.tongjipress.com.cn
　　　　　(地址：上海市四平路1239号　邮编：200092　电话：021-65985622)

经　　销　全国各地新华书店
印　　刷　浦江求真印务有限公司
开　　本　889mm×1194mm　1/32
印　　张　2.125
字　　数　53 000
版　　次　2024年6月第1版
印　　次　2024年6月第1次印刷
书　　号　ISBN 978-7-5765-0723-2
定　　价　25.00元

本书若有印装质量问题，请向本社发行部调换　　版权所有　侵权必究

上海市住房和城乡建设管理委员会文件

沪建标定〔2021〕845 号

上海市住房和城乡建设管理委员会关于批准《城市轨道交通智慧车站技术标准》为上海市工程建设规范的通知

各有关单位：

由上海申通地铁集团有限公司主编的《城市轨道交通智慧车站技术标准》，经我委审核，现批准为上海市工程建设规范，统一编号为 DG/TJ 08—2399—2021，自 2022 年 6 月 1 日起实施。

本标准由上海市住房和城乡建设管理委员会负责管理，上海申通地铁集团有限公司负责解释。

上海市住房和城乡建设管理委员会
2021 年 12 月 24 日

前　言

本标准是根据上海市住房和城乡建设管理委员会《关于印发〈2020年上海市工程建设规范、建筑标准设计编制计划〉的通知》（沪建标定〔2019〕752号）的要求，由上海申通地铁集团有限公司会同相关单位编制完成的。

本标准是在积极响应《上海市推进智慧城市建设"十三五"规划》，总结智慧车站研究成果，对接智慧城市发展目标，征求多方面意见的基础上编制而成的。

本标准的主要内容有：总则；术语和缩略语；智慧车站功能；智慧车站运行与管理系统；配套专业系统；评价体系。

各单位及相关人员在执行本标准过程中，请注意总结经验，积累资料，并将有关意见和建议反馈至上海市交通委员会（地址：上海市世博村路300号1号楼；邮编：200125；E-mail：shjtbiaozhun@126.com），上海申通地铁集团有限公司技术中心（地址：上海市桂林路909号1号楼；邮编：201103），上海市建筑建材业市场管理总站（地址：上海市小木桥路683号；邮编：200032；E-mail：shgcbz@163.com），以供今后修订时参考。

主 编 单 位：上海申通地铁集团有限公司
参 编 单 位：上海申通轨道交通研究咨询有限公司
　　　　　　　上海市隧道工程轨道交通设计研究院
　　　　　　　同济大学
　　　　　　　国电南瑞科技股份有限公司
　　　　　　　上海电气自动化设计研究所有限公司
　　　　　　　上海宝信软件股份有限公司
　　　　　　　上海电科智能系统股份有限公司

主要起草人：刘加华　王大庆　张立东　姜臻祺　邓冉然
　　　　　　　张菁博　张大千　梁　锴　黄志刚　曾　歆
　　　　　　　李潇潇　许　栋　陈光耀　胡　彦　印肖霞
　　　　　　　杨军华　马伟杰　付　鹏　蔡佳妮　纪文莉
　　　　　　　孙　煜　温　彤　周　明　何　洁　熊天圣
　　　　　　　许　超　单晓强　黄　伟
主要审查人：包文中　戴孙放　王宇颖　韩玉雄　朱　宏
　　　　　　　朱沪生　段创峰

上海市建筑建材业市场管理总站

目　次

1 总　则 ··· 1
2 术语和缩略语 ··· 2
 2.1 术　语 ··· 2
 2.2 缩略语 ··· 3
3 智慧车站功能 ··· 4
 3.1 一般规定 ··· 4
 3.2 智慧管控功能 ·· 4
 3.3 智慧服务功能 ·· 5
 3.4 智慧运维功能 ·· 6
4 智慧车站运行与管理系统 ·· 7
 4.1 一般规定 ··· 7
 4.2 系统构成 ··· 7
 4.3 系统软件 ··· 8
 4.4 系统性能 ··· 10
 4.5 系统接口 ··· 10
 4.6 系统安全 ··· 13
5 配套专业系统 ··· 16
 5.1 一般规定 ··· 16
 5.2 环境与设备监控系统 ······································ 16
 5.3 给排水及消防 ·· 17
 5.4 门禁系统 ··· 18
 5.5 自动售检票系统 ··· 18
 5.6 视频监控系统 ·· 19
 5.7 站内客运设备 ·· 19

5.8	管理卷帘门 ……………………………………	19
5.9	动力与照明 ……………………………………	20
5.10	通风空调 ………………………………………	20
5.11	站台门 …………………………………………	20
5.12	广播系统 ………………………………………	21
5.13	乘客信息系统 …………………………………	21
5.14	火灾自动报警系统 ……………………………	21
5.15	其 他 …………………………………………	21
6	评价体系 …………………………………………	23
6.1	功能性测试 ……………………………………	23
6.2	安全性测试 ……………………………………	24
6.3	等级评价方法 …………………………………	24
6.4	等级评定 ………………………………………	25
附录 A	智慧车站评价方法的相关要求 ………………	27
本标准用词说明 ………………………………………		42
引用标准名录 …………………………………………		43
条文说明 ………………………………………………		45

Contents

1 General provision ································ 1
2 Terms and abbreviation ···················· 2
  2.1 Terms ································ 2
  2.2 Abbreviation ································ 3
3 Functions of smart station ···················· 4
  3.1 General provisions ···················· 4
  3.2 Smart operation and control function ················ 4
  3.3 Smart operation and management function ············ 5
  3.4 Smart operation and maintenance function ············ 6
4 Smart station operation and management system ············ 7
  4.1 General provisions ···················· 7
  4.2 System composition ···················· 7
  4.3 System software ···················· 8
  4.4 System performance ···················· 10
  4.5 System interface ···················· 10
  4.6 System security ···················· 13
5 Supporting special system ···················· 16
  5.1 General provisions ···················· 16
  5.2 Environment and equipment monitoring system ··· 16
  5.3 Water supply, drainage and fire fighting system ···················· 17
  5.4 Access control system ···················· 18
  5.5 Automatic fare collection ···················· 18
  5.6 Video monitoring system ···················· 19

    5.7   Equipment in station for the passengers ·············· 19
    5.8   Shutter door management ···························· 19
    5.9   Power and illumination system ······················ 20
    5.10   Ventilation and air-condition systems ··············· 20
    5.11   Platform screen door ································· 20
    5.12   Broadcasting system ································· 21
    5.13   Passenger information system ······················· 21
    5.14   Automatic fire alarm system ························ 21
    5.15   Others ··· 21
6   Evaluation system ·· 23
    6.1   Functional testing ···································· 23
    6.2   Security testing ······································ 24
    6.3   Grade evaluation system ···························· 24
    6.4   Grade estimation ···································· 25
Appendix A   Relevant requirements of smart station
                evaluation system ································ 27
Explanation of wording in this standard ························ 42
List of quoted standards ·· 43
Explanation of provisions ··· 45

1 总 则

1.0.1 为指导本市城市轨道交通智慧车站的建设与评估,做到技术先进、安全适用、质量可靠、经济合理、节能环保,制定本标准。

1.0.2 本标准适用于在最高运行速度不超过 120 km/h,采用常规电机驱动列车的钢轮钢轨城市轨道交通新线建设或既有线改造中,智慧车站的建设与评估。

1.0.3 城市轨道交通智慧车站的建设与评估除应符合本标准的规定外,尚应符合国家、行业和本市现行有关标准的规定。

2 术语和缩略语

2.1 术　语

2.1.1 城市轨道交通智慧车站　smart station for urban rail transit

运用人工智能、大数据、物联网等技术，实现智慧管控、智慧服务、智慧运维等功能，具备状态感知、数据管控、自动诊断、业务闭环和持续进化五个基本特征的轨道交通车站。

2.1.2 状态感知　state awareness

运用数据采集与图像识别等综合感知技术，对车站各类设施设备、环境、客流、人员等对象或群体，实现状态和信息的感知与采集。

2.1.3 数据管控　data management and control

抽取、转换、加载、汇聚各个专业的设备状态以及运营维护、公共服务、系统安全等各类数据，采用多源异构数据融合、数字孪生等方法，实现数据的有效管理和利用。

2.1.4 自动诊断　automatic diagnosis

应用大数据分析与智能决策技术，实现对系统状态、客流趋势、安全风险及管理绩效等的分析、评估、判断和预测。

2.1.5 业务闭环　closed-loop business system

利用自动诊断结果，实现行车组织、客运服务、设备管理及人员管控等业务的全流程自动化，使智慧车站涉及业务有始有终，形成闭环。

2.1.6 持续进化　continuous evolution

通过数据和样本等的积累，基于人工智能等信息化技术实现自主学习、自动进化，持续提高车站行车组织、客运服务、设备管理及人员管控等业务的智慧化水平。

2.1.7 边缘网关 edge gateway

部署在车站的一种连接车站机电设备和智慧车站运行与管理系统,实现网络联接、协议转换等功能的软硬件一体化设备。

2.1.8 单兵系统 soldier system

利用蓝牙、Wi-Fi等无线技术实现具备无线音视频图像传输、室内定位等功能的移动式终端监控系统。

2.2 缩略语

英文缩写	英文名称	中文名称
App	Application	手机软件
COD	Chemical Oxygen Demand	化学耗氧量
EIA	Electronic Industries Alliance	电子工业协会
E-Mail	Electronic Mail	电子邮件
FTP	File Transfer Protocol	文件传输协议
IBP	Integrated Backup Panel	综合后备控制盘
Mbps	Megabits Per Second	兆比特每秒
UPS	Uninterrupted Power Supply	不间断电源

3 智慧车站功能

3.1 一般规定

3.1.1 智慧车站应实现对车站客流分布、车站机电设备状态和车站环境参数等数据的全息感知。

3.1.2 智慧车站应实现对系统采集、计算、运行产生的数据进行不同业务属性的分类存储，数据应具备分析跟踪、安全可靠、高效适用等特点。

3.1.3 智慧车站的联动功能应符合现行国家标准《城市轨道交通综合监控系统工程技术标准》GB/T 50636 要求，确保车站正常运行。

3.1.4 智慧车站应实现故障诊断维护功能，包括但不限于故障诊断、故障隔离、远程维护等。

3.1.5 智慧车站宜融合信息化技术对各类信息进行整合、分析，构建业务闭环。

3.1.6 智慧车站宜实现运营评估、策略修正和持续进化的能力。

3.1.7 智慧车站宜具备语音识别技术能力，对于交通枢纽车站，应具备语音购票及自助服务能力。

3.2 智慧管控功能

3.2.1 智慧车站应具备车站综合管理看板，实现包括客流密度、环境参数、三维信息等车站总体运行态势的全局监视功能；应具备自动开关站、设备管控、人员管控等功能。

3.2.2 智慧车站应实现客流密度分级，并以文字和图像/颜色的形式区分程度，应能根据时间段、密度阈值和区域等设置报警模式并区分优先级。

3.2.3 智慧车站应实现车站公共区的环境参数的综合展示。

3.2.4 智慧车站应采用三维可视化技术展示车站信息，并符合以下规定：

 1 应展示车站的结构布局和设施设备分布。

 2 应根据车站应急预案配置方案，并显示相关应急预案。

 3 应采用模型轻量化技术实现三维结构图形的放大、缩小、旋转等操作。

 4 宜以热力图形式展现客流现状及变化情况。

 5 宜在火灾模式下显示乘客疏散路线。

3.2.5 智慧车站应实现自动开关站功能，联动设备应包括通风空调、照明、管理卷帘门、视频监控、广播、乘客信息及自动售检票等，宜包括垂直电梯、自动扶梯、站台门等。

3.2.6 智慧车站应实现设备管控功能，包括环境与设备监控、火灾自动报警、门禁监控、站台门监控、自动售检票、视频监控、广播、乘客信息服务等功能。

3.2.7 智慧车站应实现人员管控功能，包括对第三方人员委外人员的注册、现场认证与登记、现场工单备案与管理、白名单识别和数据管理等功能。

3.3 智慧服务功能

3.3.1 智慧车站应实现人员精确管理、票务自助服务、乘客信息智能引导、室内定位服务和信息展示功能。

3.3.2 智慧车站应具备票卡信息的查询与分析功能。

3.3.3 智慧车站应具备异常票卡的自助处理功能，并提供友好的操作引导信息。

3.3.4 智慧车站应提供自助查询终端，实现对车站运营信息的自助查询和智能语音问询服务。

3.3.5 智慧车站宜建立快速绿色通道,实现特殊乘客/认证乘客快速进出站。

3.3.6 智慧车站宜在换乘通道安装智能导航灯带,引导乘客快速换乘。

3.3.7 智慧车站宜具备在车站突发应急状况下与城市运行管理职能部门的联动功能。

3.3.8 智慧车站宜在出入口乘客信息显示屏显示付费区出入口的拥挤情况。

3.4 智慧运维功能

3.4.1 智慧车站应具备任务管理、预案管理、巡检管理和车站人员岗位管理等功能。

3.4.2 智慧车站应实现车站设备基础数据管理功能;宜实现智能巡检、预测预警功能。

3.4.3 智慧车站应为线路级系统提供基础的设备维护数据,配合线路级系统实现智能诊断与维护支持功能。

3.4.4 智慧车站宜采用具有基于音视频信息的巡检功能。

3.4.5 智慧车站宜具有预测预警、多专业关联推理、能力评估、故障定位、维护支持和日志管理等功能。

3.4.6 智慧车站宜配备单兵系统,实现车站巡检和人员定位功能。

4 智慧车站运行与管理系统

4.1 一般规定

4.1.1 智慧车站应由智慧车站运行与管理系统和配套专业系统共同组合实现。

4.1.2 智慧车站应基于云平台或独立系统构建智慧车站运行与管理系统。当采用独立系统架构时,应结合综合监控系统实现。

4.1.3 智慧车站的建设应符合国家和地方网络安全相关法律和标准要求,并符合现行国家标准《信息安全技术 网络安全等级保护基本要求》GB/T 22239 第二级安全要求。

4.1.4 智慧车站运行与管理系统和配套专业系统的软件、硬件应具备可靠性、可用性、可维护性和安全性。

4.2 系统构成

4.2.1 智慧车站运行与管理系统应由系统软件和系统硬件构成。

4.2.2 系统软件应由系统集成平台、应用软件、数据库软件、支撑软件和人机界面构成。

4.2.3 系统硬件应由边缘网关、服务器、操作终端和网络交换机等构成,关键设备应以热备冗余方式配置。

4.2.4 系统应安全、稳定,具备与轨道交通线网级系统、智慧城市系统及其他系统的接口。

4.2.5 系统应采用当前成熟的技术和体系架构。

4.2.6 系统宜根据运营安全性需要设置后备或灾备系统,应满足故障或灾害不扩散、不传播的要求。

4.2.7 系统宜设置智能终端设备,包括智能客服终端、智能专用通道等。

4.3 系统软件

4.3.1 系统集成平台的建设应符合下列要求:
  1 应采用分层分布式软件架构。
  2 应支持常用工控标准接口和物联网接口,具备跨网跨专业的集成能力。
  3 应具备多源异构数据融合处理能力。
  4 应采用成熟稳定的产品,提供方便的监视、管理和维护工具。
  5 应实现故障诊断维护功能,应包括故障诊断、故障隔离和远程维护功能。
  6 应全面支持系统功能的实现和扩展。
  7 应具备对各类操作记录、事件、报警、日志、历史数据和文件进行记录、保存、归档、统计及分析功能。

4.3.2 应用软件应符合下列要求:
  1 应确保与系统集成平台相兼容。
  2 应采用模块化设计,方便未来系统的扩展。
  3 与其他软件的接口,应采用相应措施过滤/路由数据和防止非法访问。
  4 应提供整体一致并唯一有效的权限控制与管理,系统所有用户信息应存储在服务器中,便于系统统一维护。
  5 应提供监视、管理和维护工具,且支持远程部署和管理,支持在线更新。
  6 应提供相关使用手册和帮助信息,引导用户快速检索各类有用信息。

7 应操作简便，界面友好，符合运营操作习惯，且具有防误操作措施，宜实现根据用户当前操作进行提示的功能。

　　8 应实现故障诊断维护功能，包括但不限于故障诊断、故障隔离、远程维护等功能。

　　9 宜建设智慧车站运维管理数字底座，具备三维可视化界面，实现维修维护管理、设备信息管理、客运管理、站务管理、人员管理与数据分析等业务功能。

4.3.3 数据库软件应符合下列要求：

　　1 应设置实时数据库与历史数据库软件，用于对数据的管理。

　　2 应能提供开放式的服务接口，并确保与系统集成平台提供的相应软件相兼容。

　　3 应具备数据库管理、数据完整性检查、数据安全性保障等功能，并应具有良好的可移植性。

　　4 应提供数据库在线监视、管理、统计、维护等工具，应能在线进行数据的输入和修改。

　　5 应具有可扩性和适应性，并满足数据规模的不断扩充及应用程序修改的要求。

　　6 应具备数据备份、灾难恢复、系统错误恢复、人为操作错误恢复等功能。

　　7 历史数据库应按照预先定义的采样周期从实时数据库中同步数据，以预先定义的模式存储。

4.3.4 支撑软件应符合下列要求：

　　1 云平台架构下的支撑软件，应确保与云平台内软件相兼容，应提供智慧车站运行与管理系统的管理工具，应实现在线版本更新。

　　2 综合监控系统架构下的支撑软件，应确保与综合监控系统提供的软件相兼容，应在不影响运营安全的条件下，实现对智慧车站运行与管理系统的更新和管理。

3 宜与线网级的大数据、人工智能等平台能力相兼容。

4.3.5 人机界面应符合下列要求：

　　1 应具有统一的数据展示风格，各子系统人机界面均采用统一的风格和操作模式。

　　2 应配置符合人体工效学且交互友好、便捷的人机画面，人机界面应支持智慧车站的全部功能。

　　3 应支持三维可视化功能，能与三维车站模型集成应用。

4.4　系统性能

4.4.1 系统主要技术指标应符合下列要求：

　　1 系统控制命令响应时间应小于 2 s。

　　2 设备状态变化信息响应时间应小于 2 s。

　　3 单站实时数据画面在操作员终端屏幕上整幅调出响应时间应小于 1 s。

　　4 冗余设备切换时间应符合下列要求：

　　　　1）冗余服务器切换时间不应大于 2 s；

　　　　2）网络切换时间不应大于 0.5 s；

　　　　3）边缘网关切换时间不应大于 1 s。

　　5 系统平均无故障时间不应小于 8 000 h。

　　6 系统可用性指标应大于 99.98%。

4.4.2 主要设备应符合下列要求：

　　1 边缘网关中央处理器平均负荷率应小于或等于 30%。

　　2 操作终端中央处理器平均负荷率应小于或等于 30%。

4.5　系统接口

4.5.1 系统接口应选取标准的、通用的、开放的接口协议或规约，网络的设计原则为任何单点故障应不中断整个网络操作。

4.5.2 边缘网关应实现和环境与设备监控系统的接口通信,接口信息宜包含以下内容:

1 隧道通风系统设备的运行状态、故障报警和控制指令。

2 车站通风空调系统设备的运行状态、故障报警和控制指令。

3 空调水系统设备的运行状态、故障报警和控制指令。

4 给排水系统设备的运行状态、故障报警和控制指令。

5 动力照明设备的运行状态、故障报警和控制指令。

6 电梯扶梯设备的运行状态、故障报警和控制指令。

7 管理卷帘门设备的运行状态、故障报警和控制指令。

8 UPS设备的运行状态、故障报警。

9 消防水系统管网压力。

10 车站环境参数。

11 主要用电设备的电能计量数据。

12 车站用水量数据。

13 生产水系统管网压力。

14 水质监测数据。

15 气灭钢瓶压力。

4.5.3 边缘网关应实现与门禁系统的接口通信,接口信息宜包含以下内容:

1 门禁设备运行状态和故障报警信号。

2 非法闯入信号。

3 开门/关门状态及控制指令。

4 进出记录。

5 人员信息。

6 智能客服终端设备、智能专用通道设备运行状态和故障报警信号。

7 智能客服终端设备、智能专用通道设备远程控制。

4.5.4 边缘网关应实现与火灾自动报警系统的接口通信,接口信息宜包含以下内容：

 1 感温/感烟探测器状态、故障和报警信号。
 2 感温/感烟探测器污染度数值。
 3 手动报警按钮状态、故障和报警信号。
 4 输入输出模块状态、故障信号。
 5 火灾报警控制盘状态、故障信号。
 6 防烟防火阀/排烟防火阀位置、故障信号。
 7 消防专用排烟机状态、故障信号。
 8 消防泵/喷淋泵/稳压泵状态、故障信号。
 9 消火栓启泵按钮信号。
 10 水流指示器动作信号。
 11 信号阀关闭信号及压力开关动作信号。
 12 火灾联动反馈信号等。

4.5.5 边缘网关应实现与站台门的接口通信，接口信息宜包含以下内容：

 1 站台门设备运行状态和故障报警信号。
 2 异物侵界报警信号。
 3 联动/互锁解除信号。

4.5.6 边缘网关应实现与自动售检票系统的接口通信，接口信息宜包含以下内容：

 1 自动售检票设备运行状态和故障报警信号。
 2 进出站客流数据。
 3 自动售检票设备运行模式控制指令。
 4 自动售检票设备服务启停控制指令。
 5 双向检票机服务模式切换控制指令。

4.5.7 边缘网关应实现与视频监控系统的接口通信，接口信息宜包含以下内容：

 1 视频监控设备运行状态和故障报警信号。
 2 视频图像选择/切换控制信号。

3 录像播放控制信号。

4 摄像机控制指令。

5 客流基础数据。

6 异常行为数据。

7 自动扶梯异常状态。

8 支持现行国家标准《公共安全视频监控联网系统信息传输、交换、控制技术要求》GB/T 28181 规定协议,实现对视频图像的传输、交换和控制。

4.5.8 边缘网关应实现与乘客信息系统及广播系统的接口通信,接口信息宜包含以下内容:

1 边缘网关与乘客信息系统的接口信息宜包括以下内容:

1) 乘客导向设备运行状态和故障报警信号;

2) 终端显示设备开启/关闭控制指令;

3) 系统运行模式切换控制指令;

4) 音量调节控制指令;

5) 信息发布。

2 边缘网关与广播系统的接口信息宜包括以下内容:

1) 广播设备运行状态和故障报警信号;

2) 广播音量及音量调节控制指令;

3) 广播模式切换控制指令;

4) 广播内容选择指令;

5) 选区广播。

4.6 系统安全

4.6.1 物理环境应符合下列安全要求:

1 智慧车站运行与管理系统的物理环境安全应由云平台或独立系统保障。

2 智慧车站运行与管理系统硬件设备物理环境安全要求不

应低于现行国家标准《信息安全技术　网络安全等级保护基本要求》GB/T 22239的第二级安全要求。

4.6.2 通信网络应符合下列安全要求：

　　1 智慧车站运行与管理系统的通信网络安全应由云平台或独立系统保障。

　　2 车站的通信网络应按照现行国家标准《信息安全技术　网络安全等级保护基本要求》GB/T 22239的第二级安全通信网络要求建设。

4.6.3 区域边界应符合下列安全要求：

　　1 智慧车站运行与管理系统与部署于云平台或独立系统的其他系统间应设置安全隔离措施。

　　2 应按照现行国家标准《信息安全技术　网络安全等级保护基本要求》GB/T 22239的第二级安全区域边界要求，将车站系统设备按照专业划分安全域，并在安全区域边界实施安全措施。

4.6.4 计算环境应符合下列安全要求：

　　1 应符合现行国家标准《信息安全技术　网络安全等级保护基本要求》GB/T 22239的第二级计算环境安全要求。

4.6.5 测试评估应符合下列安全要求：

　　1 在智慧车站运行与管理系统上线前，应通过第三方安全测试评估。

　　2 自行软件开发应确保开发环境与实际运行环境物理分离，并进行安全性测试。

　　3 外包软件开发应按照现行国家标准《信息安全技术　网络安全等级保护基本要求》GB/T 22239的第二级安全要求进行恶意代码检测。

　　4 应按照现行国家标准《信息安全技术　网络安全等级保护基本要求》GB/T 22239的第二级安全要求对智慧车站运行与管理系统进行定期测试评估及补丁更新、固件更新等工作。

4.6.6 密码安全应符合下列要求：

1 应遵循密码相关国家标准和行业标准要求。

2 使用的密码技术和产品应经过国家密码管理主管部门认证核准。

4.6.7 数据安全应符合下列要求：

1 应遵循密码相关国家标准和行业标准要求。

2 乘客生物信息的采集、传输、存储、展示等环节应做加密及脱敏处理，乘客生物信息和乘客其他身份信息分别存储、数据关联。

5 配套专业系统

5.1 一般规定

5.1.1 配套专业系统应包括环境与设备监控、火灾自动报警、给排水及消防、门禁、自动售检票、视频监控、站内客运设备、管理卷帘门、动力与照明、通风空调、站台门、广播、乘客信息等；宜包括供电、信号和车辆。

5.1.2 配套专业系统应向智慧车站运行与管理系统提供完整的设备管理信息，满足车站机电设备全生命周期管理需求和智慧车站自动诊断的功能要求。

5.1.3 配套专业系统在智慧车站建设时的提升技术内容应符合本章要求。

5.2 环境与设备监控系统

5.2.1 车站公共区、管理用房、设备用房、轨行区、车站卫生间、新风井、排风井等处应设置一体化的环境参数监测设备，实现对车站环境状态的全息感知。

5.2.2 环境与设备监控系统应监控车站公共区的送风管、回/排风管、排烟风管的风管末端处的风速传感器，实现对公共区风管末端风量的检测和实时报警。

5.2.3 环境与设备监控系统应监控冷冻水泵的进出水管的压力传感器，实现对水泵运行状态的监测。

5.2.4 环境与设备监控系统应与动力照明电能计量表计进行接口通信，采集用电设备的能耗数据。

5.2.5 环境与设备监控系统应与远传式水表进行接口通信,实现对生活用水量、生产用水量、冷却水补水量、消防用水量的全息感知以及用水综合数据分析。

5.2.6 环境与设备监控系统应与远传式压力表进行接口通信,实现对水系统管网压力的全息感知。

5.2.7 环境与设备监控系统应与给水与排水的信号蝶阀、手电两用信号蝶阀、信号闸阀进行接口通信,实现阀门的状态监视,应实现对手电两用信号蝶阀、信号闸阀的远程控制。

5.2.8 环境与设备监控系统应与多联机空调集中控制器进行接口通信,实现对设备管理用房多联机空调设备的单独控制。

5.2.9 环境与设备监控系统应与管理卷帘门进行接口通信,实现对管理卷帘门的状态监视和远程控制。

5.2.10 环境与设备监控系统宜与垂直电梯进行接口通信,实现对垂直电梯的远程控制。

5.2.11 环境与设备监控系统宜与自动扶梯进行接口通信,实现对自动扶梯的远程控制。

5.2.12 环境与设备监控系统宜与站台门进行接口通信,实现对站台门的远程控制。

5.2.13 环境与设备监控系统宜与水质监测设备进行通信接口,对水质状态进行监测,包括:实时监控集中空调冷却水池的浊度、水温、pH 等参数,实时监控污水泵房纳管内水质的 pH、溶解氧、氨氮、COD 等参数。

5.3 给排水及消防

5.3.1 车站消防水引入管、消防水泵出水管、消防管网最不利点、地下车站消火栓管网与区间相接处应安装远传式压力表,实时监测消防水系统管网压力。

5.3.2 车站各类排水泵出水管、冷却水泵进/出水管处应安装远传式压力表。

5.3.3 车站消火栓管道上的检修蝶阀应采用信号蝶阀,上传阀门的启闭状态信号。

5.3.4 车站连接区间消火栓的消防立管上应设置手电两用信号蝶阀,实现阀门的远程启闭控制和阀门状态信号显示。

5.3.5 车站生活生产给水引入管、消防给水引入管上应安装手电两用信号闸阀,实现阀门的远程启闭控制和阀门状态信号显示。

5.3.6 车站生产生活给水引入管、冷却塔补水管、卫生间进水管、消防给水引入管上应安装远传式水表,实现车站用水量数据采集。

5.3.7 冷却塔集水盘内宜安装集成化水质监测设备,实现对冷却水浊度、水温、pH等指标的监测。

5.4 门禁系统

5.4.1 车站宜设置具备生物识别人员身份的智能专用通道,用于特殊乘客的自助进出站管理。

5.4.2 车站员工通道处宜设置门禁设备,实现对第三方人员的管理,包括但不限于生物识别身份认证、黑名单等功能。

5.5 自动售检票系统

5.5.1 自动售检票系统应对智慧车站运行与管理系统开放控制接口,提供双向闸机的方向控制和服务启停控制,提供设备模式控制与启/停控制功能,提供设备状态信息、报警信息、进出站客流信息。

5.5.2 自动售检票系统应具备移动支付购买单程车票或充值的功能。

5.5.3 自动售检票系统宜增加智能问询终端、票卡自助处理终端及相关智能客服终端，购票机宜增加智能语音购票功能。

5.6 视频监控系统

5.6.1 车站出入口、垂直电梯处、自动扶梯处、管理卷帘门处、候车站台等区域应设置视频监控设备，满足早间开站和晚间关站场景下的辅助监控与联动功能。

5.6.2 视频监控系统应部署具备智能视频分析功能的设备，实时监视站台、出入口、换乘通道等重要监控区域客流的密度、总数、分布、流速及路径等，满足新增的基于视频图像分析的监控业务需求，并通过通信接口将报警信息上传智慧车站运行与管理系统。

5.6.3 视频监控系统宜具备视频异常行为分析功能，并能实时向智慧车站运行与管理系统上传报警信息、调用报警截图和触发联动。

5.7 站内客运设备

5.7.1 垂直电梯宜开放远程控制接口，实现智慧车站运行与管理系统对垂直电梯的远程控制。

5.7.2 自动扶梯宜开放远程控制接口，实现智慧车站运行与管理系统对自动扶梯的远程控制。

5.8 管理卷帘门

5.8.1 车站出入口和换乘通道的管理卷帘门应开放远程监控接口，实现智慧车站运行与管理系统对管理卷帘门的远程监视与控制。

5.8.2 管理卷帘门应具备自动播报设备(如声光报警器、广播等),在收到远程控制指令后能自动播放安全提示信息。

5.8.3 管理卷帘门应设置安全防护措施,确保管理卷帘门动作时安全可靠。

5.9 动力与照明

5.9.1 通风空调设备控制柜及动力照明配电箱应设置电能计量表计,实现对车站通风空调与动力照明设备耗能的监测,能耗数据实时上传至智慧车站运行与管理系统。

5.9.2 在设备区相关管理用房宜设置智能照明设备。设备区智能照明设备的运行状态应统一上传至智慧车站运行与管理系统。

5.10 通风空调

5.10.1 多联空调系统应提供控制接口,实现智慧车站运行与管理系统对多联机空调系统室外机、室内机、新风处理机组进行状态监视和控制。

5.10.2 车站公共区的送风管、回/排风管、排烟风管的风管末端处应设置风速传感器。

5.10.3 冷冻水泵的进出水管应设置压力传感器。

5.11 站台门

5.11.1 站台门宜开放控制接口,实时向智慧车站运行与管理系统上传设备运行数据,实现智慧车站运行与管理系统对站台门的远程监控,并应实现与视频监控系统的联动功能。

5.12 广播系统

5.12.1 站台门和自动扶梯处宜实现定向广播功能。
5.12.2 广播系统宜实现多区域多模式播报。

5.13 乘客信息系统

5.13.1 自动扶梯、换乘通道等区域应设置乘客信息显示屏,实现乘车信息智能引导。
5.13.2 站台的乘客信息显示屏显示内容应包括到站列车信息、车厢满载率、车站拥挤度等。
5.13.3 车站出入口的乘客信息显示屏应提供车站运营服务信息。
5.13.4 站厅收费区与入口处的乘客信息显示屏宜提供站台客流密度及分布情况。
5.13.5 换乘通道的乘客信息显示屏应提供换乘信息。
5.13.6 乘客信息系统宜实现场景化乘客信息服务,根据乘客信息显示屏的位置和场景需求,个性化播放相关区域内容。

5.14 火灾自动报警系统

5.14.1 火灾自动报警系统应实现火灾报警设备的主要运行状态监视功能,应接受火灾报警并显示报警具体位置。
5.14.2 火灾自动报警系统应分类存储火灾自动报警系统设备的运行、故障和报警的数据记录。

5.15 其 他

5.15.1 智慧车站宜设置智能乘车引导子系统,实现对车站运营状态的发布和乘车诱导。

5.15.2 智慧车站宜设置车站人员定位子系统,通过布设信号基站,实现车站人员的定位管理。

5.15.3 智慧车站宜实现对管辖范围内的供电、信号、车辆等关键设施设备状态的监视功能。

6 评价体系

6.1 功能性测试

6.1.1 被测系统应为自主设计开发的智慧车站运行与管理系统,已通过有资质的第三方软件测评机构的产品验收测试,并取得国家知识产权局颁发的软件著作权证书。

6.1.2 功能性测试内容应包括功能完备性和功能正确性两个方面,如表 A.0.1 所示。

6.1.3 智慧车站运行与管理系统功能的测试项目应按表 A.0.2～表 A.0.4 的评价指标以及第 3 章的功能要求执行。

6.1.4 对于通过系统功能完整性测试的软件产品,应提供软件产品功能完整性认证文件。智慧车站运行与管理系统可靠性、可用性、可维护性、安全性、兼容性和性能效率指标的测试,应委托具有资质认可的第三方软件测评机构完成。

6.1.5 智慧应用应满足以下性能要求:

1 线上线下的自助信息查询、乘车引导信息查询响应时间不应大于 5 s;线上自助票务处理流程响应时间不应大于 5 s。

2 乘客信息显示的动态信息更新时间不应大于 1 min。

3 语音识别响应不应大于 3 s。

4 车站设施设备状态在线监测数据更新周期不应大于 3 s。

5 正常模式下,自动开关站时间不超过 10 min,客流监测预警响应时间不应大于 3 s;乘客异常行为从发生到触发报警的时间不应大于 3 s。

6 故障模式下,智能识别故障发生并进行故障信息上报的时间不应大于 2 s,自动预案触发下达至维修人员时间不应大于 3 s。

7 灾害模式下,灾害模式响应到触发紧急预案时间不应大于2 s,联动车站设备进入车站运行暂停状态的时间不应大于2 s。

8 人员定位位置信息刷新频率不应大于1 s。

9 系统按照日、月、年对设备故障次数、设备故障时间、设备运行次数、设备累计运行时间进行统计的响应时间应小于2 s。

6.2 安全性测试

6.2.1 智慧车站运行与管理系统的网络安全测试应委托具有资质认可的第三方软件测评机构完成,并应符合第4.6节要求。

6.3 等级评价方法

6.3.1 车站智慧等级评价应在符合功能性测试和安全性测试要求的前提下进行。

6.3.2 智慧车站等级评价体系指标构成如图6.3.2所示。智慧车站等级评价方法应包括乘客体验、运营维护和管理优化三个一级指标。

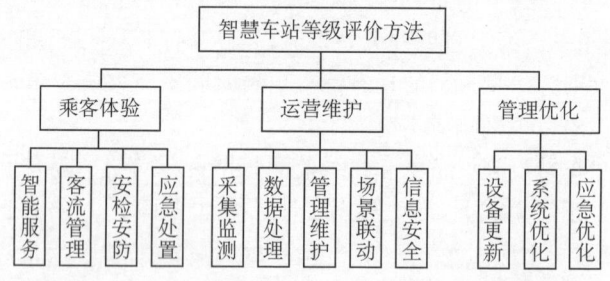

图6.3.2 智慧车站等级评价体系指标构成示意图

6.3.3 乘客体验是以乘客为中心展开的业务分类,应包括智能服务、客流管理、安检安防和应急处置四个二级指标。其中三级指标应如表 A.0.2 所示。

6.3.4 运营维护是以车站运维流程展开的业务分类,应包括采集监测、数据处理、管理维护、场景联动和信息安全五个二级指标;其中三级指标应如表 A.0.3 所示。

6.3.5 管理优化应按照软硬件优化进行分类,应包括设备更新、系统优化和应急优化三个二级指标。其中三级指标应如表 A.0.4 所示。

6.3.6 智慧车站等级评价应综合各项一级指标,按照各一级指标的达标程度将智慧车站划分为一至五级,并给出相应的评价。

6.4 等级评定

6.4.1 智慧车站等级评定应符合以下步骤:

1 条件审查应对车站是否满足各等级基本要求进行初步评定。

2 专家评分应结合审查结果和综合运营结果判断弹性指标达成度。

3 综合基本要求和弹性指标评定车站智慧化等级。

6.4.2 各等级基本要求如表 A.0.2～表 A.0.4 所示。

6.4.3 弹性指标达成度应依照式(6.4.3)计算相应等级下已完成的弹性三级指标弹性指标达成度。

$$\theta = \sum_k \alpha_k, k \in \Omega_k \qquad (6.4.3)$$

其中,Ω_k 为相应等级下已完成的弹性指标集合,α_k 为相应三级指标权重分,如表 A.0.6 所示。

6.4.4 当基本要求满足一～四级时,弹性指标分应满足 θ 大于等于 60 分。当基本要求满足五级时,弹性指标分不作要求。

6.4.5 应根据基本要求和弹性指标综合评定车站相应智慧等级,如表 A.0.5 所示。

6.4.6 三级指标完成度认定应按第 3 章对各功能具体要求,并通过第 6.1 节功能性测试。

附录 A 智慧车站评价方法的相关要求

A.0.1 功能性测试内容应符合表 A.0.1 的要求。

表 A.0.1 功能性测试内容

序号	功能性测试内容	测试内容描述	测试要求
1	完备性	功能的完整性	测试范围涵盖全部功能
2	正确性	功能的正确性	所测功能正确实现
		精度	所测功能的精度满足设计要求

A.0.2 乘客体验指标体系与智慧车站分级建设需求关系应符合表 A.0.2 的要求。

表 A.0.2 乘客体验指标体系与智慧车站分级建设需求关系一览表

二级指标	三级指标	说明	一级	二级	三级	四级	五级
智能服务	智能售票服务	含传统售票服务、现金自助售票、互联网自助售票、生物特征购票、无感购票	○	○	○	○	○
	智能检票服务	含票卡检票、生物特征检票、其他无感检票方式			○	○	○
	智能问询服务	含站内服务导航、智能求助响应	△	△	○	○	○
	站内服务导航	含车站列车编组、到站信息、站台客流密度及分布信息、车站换乘信息	○	○	○	○	○
	个性化出行方案	如出行、换乘	△	△	△	△	○
	无障碍出行设施	如残障人士通道、电梯等	△	△	○	○	○

续表A.0.2

二级指标	三级指标	说明	一级	二级	三级	四级	五级
客流管理	站内实时客流检测	含总数、密度、流向	○	○	○	○	○
	车厢拥挤度监测	—	△	△	△	△	○
	智能大客流预测	含客流趋势、大客流峰值、起止时间等	△	△	△	△	○
	客流异常风险预测	如客流密度预警、对冲风险预警等	△	△	△	△	○
	客流疏导信息推送	含广播、大屏、手机App等多媒体信息推送	△	△	△	○	○
安检安防	安检无感检测	如快速安检设备、无感安检设备等	○	○	○	○	○
	乘客异常行为检测	含乘客摔倒、逃票、聚集、物品遗漏、越线等	△	△	△	△	○
	特殊乘客核验	处理老人、残障人士等电子核验能力障碍者的核验工作,含人脸识别技术、掌静脉识别等	△	△	△	△	○
	公共卫生特征检测	含车站公共区、管理用房、设备用房、轨行区、车站卫生间、集中空调冷却水池、污水泵房、新风井、排风井、冷却水塔卫生特征	△	△	△	○	○
	安检险情智能处置	如自动触发安检异常情况处置流程	△	○	○	○	○
应急处置	突发大客流应急智能管控	含客流密度告警、客流密度显示、客流流速显示、客流变化显示	△	○	○	○	○
	突发公共卫生事件应急智能管控	含重大疫情防控、生化攻击防范等应急事件的智能处置	△	△	○	○	○
	设备故障应急智能管控	含应急方案配置、应急预案显示	○	○	○	○	○

注:"○"为基本要求,"△"为弹性指标。

A.0.3 运营维护指标体系与智慧车站分级建设需求关系应符合表 A.0.3 的要求。

表 A.0.3 运营维护指标体系与智慧车站分级建设需求关系一览表

二级指标	三级指标	说明	一级	二级	三级	四级	五级
采集监测	车站机电设备状态监控	含空调水泵状态监控,多联机空调系统室外机、室内机、新风处理机组状态监控,车站冷却水泵水管压力监控	○	○	○	○	○
	消防设施设备监控	含消火栓系统状态监控、自动喷水灭火系统状态监控、自消火栓泵出水立管后阀门的启闭状态监控	○	○	○	○	○
	站台门监控	实现远程开关功能,含站台门运行情况监测	○	○	○	○	○
	管理卷帘门监控	实现防夹保护、远程控制,并反馈中央控制室开关信号	○	○	○	○	○
	自动扶梯监控	实现远程控制、客流量监测、乘客异常监测	○	○	○	○	○
	列车到发站时间	—	△	△	△	△	○
	主要用电能耗数据	—			△		
	系统本体设备状态数据	—			△		
	车站环境参数监测	含车站用水量数值,集中空调冷却水池的浊度、水温、pH 等参数,污水泵房纳管内水质的 pH、溶解氧、氨氮、COD 等参数	△	○	○	○	
	运维人员定位数据	—		△	△	△	○
	环境与机电设备监控	—	○		○		○
	火灾报警监控	含车站火灾报警设备运行状态监控、火灾报警位置监测、城市轨道交通专用消防救灾设备状态监控	○		○		○

续表A.0.3

二级指标	三级指标	说明	一级	二级	三级	四级	五级
采集监测	自动售检票监控	实现远程控制、移动支付，含客流信息监测、报警信息监测、自动售检票系统设备状态监控	○	○	○	○	○
	视频监控	实现实时报警、车站全覆盖，含乘客行为监测，车站客流密度、分布、流速、路径监测	○	○	○	○	○
	广播设备监控	含广播设备状态监控、分贝监测		△	○	○	○
	乘客导向设备监控	—			○	○	○
	智能照明设备监控	实现人体感应控制、智能节能，含车站智能照明设备状态监控、设备区智能照明运行情况监控		△	○	○	○
	风机设备监控				○	○	○
	低压配电监控	实现远程控制，含车站变电所设备状态监控、牵引网设备状态监控、供电系统运行情况监测		△	△	○	○
	信号系统设备监控	—			○	○	○
	门禁监控	含自助边门设备状态监控、进出人员信息智能监测			○	○	○
	轨旁车辆综合检测					○	○
数据处理	系统接口标准化	实现串行接口协议标准化、以太网接口协议标准化			○	○	○
	各系统数据智能上报	实现采集监测数据的智能归档和统计报表生成		△	△	○	○
	异常数据分级告警	实现异常数据分级告警、异常状况定位		△	△	○	○
	多源信息自主融合	实现对多媒体和设备数据进行语义分割、提取、获得业务关键要素		△	△	△	○
	各系统数据结构化	—				△	△
	各系统数据三维可视化	含车站整体结构三维可视化、车站机电设备布局三维可视化、相关区域客流密度可视化		△	△	○	○

续表A.0.3

二级指标	三级指标	说明	一级	二级	三级	四级	五级
管理维护	设备维护数据管理	实现为线路级系统提供基础的设备维护数据,配合线路级系统实现智能诊断与维护	△	△	○	○	○
	设备全生命周期管理	—		△	△	○	○
	设备故障智能诊断	含故障诊断、故障隔离	△	△	△	△	○
	应急预案制定	含乘客行为异常应急预案、设备异常应急预案、火灾报警应急预案	△	△	△	△	○
	设备故障智能维护	含紧急维护、远程维护	△	△	△	△	○
	主要业务管理监护	含站台施工过程监护、列车安全监护、站内安全监护	△	△	△	○	○
场景联动	正常场景联动	实现智能终端设备联动,含智能客服终端、智能专用通道、快速安检设备等的智能联动	○	○	○	○	○
	火灾场景联动	含车站整体结构和乘客疏散路线的三维可视化联动,消火栓系统、自动喷水灭火系统等消防系统的智能联动		○	○	○	○
	设备故障场景联动	—		○	○	○	○
	开关站场景联动	含自动开关站,空调、照明、自动扶梯、电梯、视频监控、广播、自动售检票等设备的智能联动	△	△	○	○	○
	夜间施工场景联动	—		△	△	○	○
	应急响应场景联动	含智能车站应用系统应急联动,综合后备控制盘(IBP)联动,广播、自动扶梯、照明等设备的智能联动	○	○	○	○	○

续表 A.0.3

二级指标	三级指标	说明	一级	二级	三级	四级	五级
信息安全	网络与数据安全管理	网络安全架构应符合 T/CAMET 11001 的要求,建立安全防护体系,含主动风险感知、持续威胁检测、实时处置响应	○	○	○	○	○
	系统边界防护	采用数据摆渡确保智慧车站边界安全,禁止在边界穿越 E-Mail、Web、Telnet、Rlogin、FTP 等通用网络服务,含操作指令识别、实时异常报警、攻击防御、病毒检测	○	○	○	○	○
	口令管理	—		○	○	○	○

注:"○"为基本要求,"△"为弹性指标。

A.0.4 管理优化指标体系与智慧车站分级建设需求关系应符合表 A.0.4 的要求。

表 A.0.4 管理优化指标体系与智慧车站分级建设需求关系一览表

二级指标	三级指标	说明	一级	二级	三级	四级	五级
设备更新	设备性能自主评估	自主生成设备性能评估报告,分析设备性能瓶颈	△	△	△	○	○
	设备自主维护更新	自主升级维护设备,自主启用冗余备份		△	△	△	○
	设备自主替换	依据性能分析和维护信息,自主更换性能受限设备		△	△	△	○
系统优化	系统需求自主提取	自主分析乘客、运维人员需求,提取关键要素指标		△	△	△	○
	系统性能自主评估	自主分析评估系统需求与当前系统性能的匹配关系,提出分析报告		△	△	△	○
	优化建议自主生成	根据系统性能分析报告和可选方案,提出系统升级优化建议		△	△	△	○

续表 A.0.4

二级指标	三级指标	说明	一级	二级	三级	四级	五级
应急优化	应急处置结果评估	具备应急处置结果分析评估能力	△	△	△	○	○
	优化策略自主生成	具备优化应急处置流程的能力	△	△	△	△	○
	应急预案自主调整	具备自主全面优化应急预案能力	△	△	△	△	○

注："○"为基本要求，"△"为弹性指标。

A.0.5 一级至五级智慧车站所对应的评估分值区间应符合表A.0.5的要求。

表 A.0.5 一级至五级智慧车站所对应的评估分值区间

	一级	二级	三级	四级	五级
智慧车站评分区间	满足一级基本要求，且弹性指标分≥60分	满足二级基本要求，且弹性指标分≥60分	满足三级基本要求，且弹性指标分≥60分	满足四级基本要求，且弹性指标分≥60分	满足五级基本要求

A.0.6 智慧车站等级评定的指标权重分配应符合表A.0.6-1～表A.0.6-4的要求。

表 A.0.6-1 智慧车站等级评定的指标权重分配表

一级指标	二级指标	三级指标	评分
乘客体验	智能服务	智能售票服务	—
		智能检票服务	—
		智能问询服务	10
		站内服务导航	—
		个性化出行方案	10
		无障碍出行设施	10
	客流管理	站内实时客流检测	—
		车厢拥挤度监测	10
		智能大客流预测	10
		客流异常风险预测	10
		客流疏导信息推送	—
	安检安防	安检无感检测	10
		乘客异常行为检测	10
		特殊乘客核验	10
		公共卫生特征检测	10
		安检险情智能处置	10
	应急处置	突发大客流应急智能管控	20
		突发公共卫生事件应急智能管控	20
		设备故障应急智能管控	—
运营维护	采集监测	车站机电设备状态监控	—
		消防设施设备监控	—
		站台门监控	—
		管理卷帘门监控	—
		自动扶梯监控	—
		列车到发站时间	10
		主要用电能耗数据	10

续表 A.0.6-1

一级指标	二级指标	三级指标	评分
运营维护	采集监测	系统本体设备状态数据	10
		车站环境参数监测	10
		运维人员定位数据	10
		环境与机电设备监控	—
		火灾报警监控	—
		自动售检票监控	—
		视频监控	—
		广播设备监控	10
		乘客导向设备监控	—
		智能照明设备监控	10
		风机设备监控	—
		低压配电监控	10
		信号系统设备监控	—
		门禁监控	—
		轨旁车辆综合检测	—
	数据处理	系统接口标准化	—
		各系统数据智能上报	10
		异常数据分级告警	10
		多源信息自主融合	10
		各系统数据结构化	10
		各系统数据三维可视化	10
	管理维护	设备维护数据管理	10
		设备全生命周期管理	10
		设备故障智能诊断	10
		应急预案制定	10
		设备故障智能维护	10
		主要业务管理监护	10

— 35 —

续表 A.0.6-1

一级指标	二级指标	三级指标	评分
运营维护	场景联动	正常场景联动	—
		火灾场景联动	—
		设备故障场景联动	—
		开关站场景联动	10
		夜间施工场景联动	10
		应急响应场景联动	—
	信息安全	网络与数据安全管理	20
		系统边界防护	20
		口令管理	10
管理优化	设备更新	设备性能自主评估	30
		设备自主维护更新	30
		设备自主替换	30
	系统优化	系统需求自主提取	30
		系统性能自主评估	30
		优化建议自主生成	30
	应急优化	应急处置结果评估	30
		优化策略自主生成	30
		应急预案自主调整	30

表 A.0.6-2 智慧车站等级评定的指标权重分配分项表一

二级指标	三级指标	说明	评分
智能服务	智能售票服务	含传统售票服务、现金自助售票、互联网自助售票、生物特征购票、无感购票	—
	智能检票服务	含票卡检票、生物特征检票、其他无感检票方式	—
	智能问询服务	含站内服务导航、智能求助响应	10
	站内服务导航	含车站列车编组、到站信息、站台客流密度及分布信息、车站换乘信息	—
	个性化出行方案	如出行、换乘	10
	无障碍出行设施	如残障人士通道、电梯等	10

续表A.0.6-2

二级指标	三级指标	说明	评分
客流管理	站内实时客流检测	含总数、密度、流向	—
	车厢拥挤度监测	—	10
	智能大客流预测	含客流趋势、大客流峰值、起止时间等	10
	客流异常风险预测	如客流密度预警、对冲风险预警等	10
	客流疏导信息推送	含广播、大屏、手机App等多媒体信息推送	—
安检安防	安检无感检测	如快速安检设备、无感安检设备等	10
	乘客异常行为检测	含乘客摔倒、逃票、聚集、物品遗漏、越线等	10
	特殊乘客核验	处理老人、残障人士等电子核验能力障碍者的核验工作,含人脸识别技术、掌静脉识别等	10
	公共卫生特征检测	含车站公共区、管理用房、设备用房、轨行区、车站卫生间、集中空调冷却水池、污水泵房、新风井、排风井、冷却水塔卫生特征	10
	安检险情智能处置	如自动触发安检异常情况处置流程	10
应急处置	突发大客流应急智能管控	含客流密度告警、客流密度显示、客流流速显示、客流变化显示	20
	突发公共卫生事件应急智能管控	含重大疫情防控、生化攻击防范等应急事件的智能处置	20
	设备故障应急智能管控	含应急方案配置、应急预案显示	—

表 A.0.6-3 智慧车站等级评定的指标权重分配分项表二

二级指标	三级指标	说明	评分
采集监测	车站机电设备状态监控	含空调水泵状态监控,多联机空调系统室外机、室内机、新风处理机组状态监控,车站冷却水泵水管压力监控	—
	消防设施设备监控	含消火栓系统状态监控、自动喷水灭火系统状态监控、自消火栓泵出水立管后阀门的启闭状态监控	—
	站台门监控	实现远程开关功能,含站台门运行情况监测	—
	管理卷帘门监控	实现防夹保护、远程控制,并反馈中央控制室开关信号	—
	自动扶梯监控	实现远程控制、客流量监测、乘客异常监测	—
	列车到发站时间	—	10
	主要用电能耗数据	—	10
	系统本体设备状态数据	—	10
	车站环境参数监测	含车站用水量数值,集中空调冷却水池的浊度、水温、pH 等参数,污水泵房纳管内水质的 pH、溶解氧、氨氮、COD 等参数	10
	运维人员定位数据	—	10
	环境与机电设备监控		

— 38 —

续表 A.0.6-3

二级指标	三级指标	说明	评分
采集监测	火灾报警监控	含车站火灾报警设备运行状态监控、火灾报警位置监测、城市轨道交通专用消防救灾设备状态监控	—
	自动售检票监控	实现远程控制、移动支付,含客流信息监测、报警信息监测、自动售检票系统设备状态监控	—
	视频监控	实现实时报警、车站全覆盖,含乘客行为监测,车站客流密度、分布、流速、路径监测	—
	广播设备监控	含广播设备状态监控、分贝监测	10
	乘客导向设备监控	—	
	智能照明设备监控	实现人体感应控制、智能节能,含车站智能照明设备状态监控、设备区智能照明运行情况监控	10
	风机设备监控	—	
	低压配电监控	实现远程控制,含车站变电所设备状态监控、牵引网设备状态监控、供电系统运行情况监测	10
	信号系统设备监控		
	门禁监控	含自助边门设备状态监控、进出人员信息智能监测	—
	轨旁车辆综合检测		
数据处理	系统接口标准化	实现串行接口协议标准化、以太网接口协议标准化	
	各系统数据智能上报	实现采集监测数据的智能归档和统计报表生成	10
	异常数据分级告警	实现异常数据分级告警、异常状况定位	10
	多源信息自主融合	实现对多媒体和设备数据进行语义分割、提取、获得业务关键要素	10
	各系统数据结构化		10
	各系统数据三维可视化	含车站整体结构三维可视化、车站机电设备布局三维可视化、相关区域客流密度可视化	10

续表A.0.6-3

二级指标	三级指标	说明	评分
管理维护	设备维护数据管理	实现为线路级系统提供基础的设备维护数据,配合线路级系统实现智能诊断与维护	10
	设备全生命周期管理	—	10
	设备故障智能诊断	含故障诊断、故障隔离	10
	应急预案制定	含乘客行为异常应急预案、设备异常应急预案、火灾报警应急预案	10
	设备故障智能维护	含紧急维护、远程维护	10
	主要业务管理监护	含站台施工过程监护、列车安全监护、站内安全监护	10
场景联动	正常场景联动	实现智能终端设备联动,含智能客服终端、智能专用通道、快速安检设备等的智能联动	—
	火灾场景联动	含车站整体结构和乘客疏散路线的三维可视化联动,消火栓系统、自动喷水灭火系统等消防系统的智能联动	—
	设备故障场景联动		
	开关站场景联动	含自动开关站,空调、照明、自动扶梯、电梯、视频监控、广播、自动售检票等设备的智能联动	10
	夜间施工场景联动	—	10
	应急响应场景联动	含智能车站应用系统应急联动,综合后备控制盘(IBP)联动,广播、自动扶梯、照明等设备的智能联动	—

续表A.0.6-3

二级指标	三级指标	说明	评分
信息安全	网络与数据安全管理	网络安全架构应符合T/CAMET 11001的要求，建立安全防护体系，含主动风险感知、持续威胁检测、实时处置响应	20
	系统边界防护	采用数据摆渡确保智慧车站边界安全，禁止在边界穿越E-Mail、Web、Telnet、Rlogin、FTP等通用网络服务，含操作指令识别、实时异常报警、攻击防御、病毒检测	20
	口令管理		10

表A.0.6-4 智慧车站等级评定的指标权重分配分项表三

二级指标	三级指标	说明	评分
设备更新	设备性能自主评估	自主生成设备性能评估报告，分析设备性能瓶颈	20
	设备自主维护更新	自主升级维护设备，自主启用冗余备份	20
	设备自主替换	依据性能分析和维护信息，自主更换性能受限设备	20
系统优化	系统需求自主提取	自主分析乘客、运维人员需求，提取关键要素指标	20
	系统性能自主评估	自主分析评估系统需求与当前系统性能的匹配关系，提出分析报告	20
	优化建议自主生成	根据系统性能分析报告和可选方案，提出系统升级优化建议	20
应急优化	应急处置结果评估	具备应急处置结果分析评估能力	20
	优化策略自主生成	具备优化应急处置流程手段能力	20
	应急预案自主调整	具备自主全面优化应急预案能力	20

本标准用词说明

1 为了便于在执行本标准条文时区别对待,对要求严格程度不同的用词说明如下:
 1) 表示很严格,非这样做不可的用词:
  正面词采用"必须";
  反面词采用"严禁"。
 2) 表示严格,在正常情况均应这样做的用词:
  正面词采用"应";
  反面词采用"不应"或"不得"。
 3) 表示允许稍有选择,在条件许可时首先应这样做的用词:
  正面词采用"宜";
  反面词采用"不宜"。
 4) 表示有选择,在一定条件下可以这样做的用词,采用"可"。

2 标准中指定应按其他有关标准执行时,写法为"应符合……的规定(要求)"或"应按……执行"。

引用标准名录

1 《计算机软件文档编制规范》GB/T 8567
2 《计算机软件需求规格说明规范》GB/T 9385
3 《计算机软件测试文档编制规范》GB/T 9386
4 《计算机软件测试规范》GB/T 15532
5 《可编程序控制器》GB/T 15969
6 《电磁兼容　试验和测量技术》GB/T 17626
7 《信息安全技术　操作系统安全技术要求》GB/T 20272
8 《信息安全技术　网络安全等级保护基本要求》GB/T 22239
9 《信息安全技术　网络安全等级保护安全设计技术要求》GB/T 25070
10 《公共安全视频监控联网系统信息传输、交换、控制技术要求》GB/T 28181
11 《信息安全技术　网络安全等级保护测评要求》GB/T 28448
12 《信息安全技术　网络安全监测基本要求与实施指南》GB/T 36635
13 《工业建筑供暖通风与空气调节设计规范》GB 50019
14 《供配电系统设计规范》GB 50052
15 《火灾自动报警系统设计规范》GB 50116
16 《地铁设计规范》GB 50157
17 《数据中心设计规范》GB 50174
18 《综合布线系统工程设计规范》GB 50311
19 《智能建筑设计标准》GB 50314
20 《安全防范工程技术标准》GB 50348

21 《城市轨道交通综合监控系统工程技术标准》GB/T 50636
22 《民用建筑供暖通风与空气调节设计规范》GB 50736
23 《城市轨道交通公共安全防范系统工程技术规范》GB 51151
24 《城市轨道交通设计规范》DG/TJ 08—109

上海市工程建设规范

城市轨道交通智慧车站技术标准

DG/TJ 08—2399—2021
J 16110—2022

条文说明

2024　上海

目 次

2 术语和缩略语 ·· 49
  2.1 术 语 ·· 49
3 智慧车站功能 ·· 50
  3.2 智慧管控功能 ·· 50
  3.3 智慧服务功能 ·· 50
  3.4 智慧运维功能 ·· 50
4 智慧车站运行与管理系统 ·································· 51
  4.2 系统构成 ·· 51
  4.4 系统性能 ·· 51
  4.5 系统接口 ·· 52
  4.6 系统安全 ·· 53
5 配套专业系统 ·· 54
  5.1 一般规定 ·· 54
  5.2 环境与设备监控系统 ································· 54
  5.3 给排水及消防 ·· 54
  5.4 门禁系统 ·· 55
  5.6 视频监控系统 ·· 55
  5.8 管理卷帘门 ··· 55
  5.9 动力与照明 ··· 55
  5.12 广播系统 ·· 56

Contents

2 Terms and abbreviation ··· 49
   2.1 Terms ··· 49
3 Functions of smart station ··· 50
   3.2 Smart operation and control function ···················· 50
   3.3 Smart operation and management function ·········· 50
   3.4 Smart operation and maintenance function ·········· 50
4 Smart station operation and management system ·········· 51
   4.2 System composition ··· 51
   4.4 System performance ··· 51
   4.5 System interface ··· 52
   4.6 System security ·· 53
5 Supporting special system ·· 54
   5.1 General provisions ··· 54
   5.2 Environment and equipment monitoring system ······ 54
   5.3 Water supply, drainage and fire fighting system
       ··· 54
   5.4 Access control system ··· 55
   5.6 Video monitoring system ······································· 55
   5.8 Shutter door management ······································ 55
   5.9 Power and illumination system ······························ 55
   5.12 Broadcasting system ··· 56

2 术语和缩略语

2.1 术　语

2.1.7 边缘网关

边缘网关是对智慧车站运行与管理系统和配套专业系统接入节点的统称,是智慧车站车站运行与管理系统的重要边界,采用热备冗余配置,提供轻量化的联接管理、实时数据分析及边缘应用管理等功能,安全、稳定地连接配套专业系统和智慧车站运行与管理系统。

3 智慧车站功能

3.2 智慧管控功能

3.2.2 对于大密度的人群区域,智慧车站宜实现对各类状态分析,包括聚集、滞留及混乱等;在异常状况发生下,系统应立刻发出报警并及时定位;出现客流密度报警时,智慧车站应立刻将报警信息和画面推送至指定终端,并实现联动处理。

3.2.3 公共区包括站台、站厅和卫生间等,环境参数包括 PM_{10}、CO_2、温度、相对湿度、异味、噪声等,展示位置在车站控制室的智慧车站操作终端上。

3.3 智慧服务功能

3.3.6 特殊乘客指残疾军人、离休干部、伤残警察、盲人和革命烈士家属等免费乘车人员;认证乘客指通勤常旅客等。

3.4 智慧运维功能

3.4.4 基于音视频信息的巡检功能,是指在智能检修远程协助时,能够进行语音通话,并将操作端摄像头捕捉到的图像信息传递至专家端上显示,实现远程协助。

4 智慧车站运行与管理系统

4.2 系统构成

4.2.7 智能客服终端是指应用语音识别和人机交互技术的购票机和自助问询服务设备等；智能专用通道是指采用生物识别技术的用于特殊乘客自助服务的边门通道和临时人员通道等。

4.4 系统性能

4.4.1 系统主要技术指标

1 控制命令包括智慧车站运行与管理系统对现场设备进行的远程遥控以及其他控制操作，前者如对断路器的分合和对水泵的启停等，后者如对设备的挂牌和对实时数据的设置等。控制命令响应时间是指从操作员在操作终端上发出控制执行命令开始，到该控制命令发到被控设备的外部接口为止所经历的时间。控制命令响应时间不包括智慧车站运行与管理系统之外的处理时间，如设备的机构执行时间等。

2 状态变化包括数字量的变化（如开关和风机的状态）以及模拟量（如温度、电压）的变化。状态变化响应指从智慧车站运行与管理系统与外部接入系统的接口收到数据开始，到智慧车站运行与管理系统人机界面更新完该数据为止所经历的时间。状态变化时间不包括数据在智慧车站运行与管理系统以外系统或设备中的处理时间。

3 画面调阅响应时间是指从操作员点击键盘或鼠标调阅画

面开始,到操作终端显示屏上完全显示出画面的静态图形和动态实时数据所需的时间。

4 冗余设备切换时间

1) 冗余实时服务器切换时间是指从主用的实时服务器发生故障开始,到备用的实时服务器完全替代且智慧车站运行与管理系统所有功能恢复正常为止所经历的时间。对于冗余历史服务器允许的切换时间,还应考虑历史数据库本身切换所需要的时间。对于任务模块切换的冗余方式,指主用的任务模块和备用的任务模块之间的切换。

2) 边缘网关的切换时间是指从主用的边缘网关发生故障开始,到备用的边缘网关完全替代,边缘网关的所有功能恢复正常为止所经历的时间。对于任务模块切换的冗余方式,指主用的任务模块和备用的任务模块之间的切换。对于没有配置专门边缘网关的情况,该项响应指标不适用。

4.5 系统接口

4.5.7 边缘网关与视频监控系统的接口信息

4 摄像机控制指令包括变焦、调光和云台转动等。

5 客流基础数据包括站厅/站台/换乘通道/出入口等地的客流密度、分布、数量等。

6 异常行为包括乘客摔倒、逃票、聚集、物品遗留、客流对冲、滞留、打架斗殴等。

7 自动扶梯异常状态包括摔倒、逆行、拥堵等。

4.5.8 边缘网关与乘客信息系统及广播系统的接口信息

1 边缘网关与乘客信息系统的接口信息

5）信息包括客流拥挤度及车站运营信息、车站最佳候车区域、最优乘车路线等。

4.6 系统安全

4.6.1 物理环境安全要求

2 智慧车站运行与管理系统的硬件设备的物理环境安全要求，包括但不限于机房工程物理安全、存储设备物理安全、安全设备电源安全、系统网络电磁兼容安全、记录介质安全、传输链路物理安全。

4.6.2 通信网络安全要求

2 车站的通信网络安全要求，包括但不限于网络架构、通信传输、可信验证要求。

4.6.3 区域边界安全要求

2 安全区域边界要求，包括但不限于边界防护、访问控制、入侵防范、恶意代码防范、安全审计、安全可信验证。

4.6.4 计算环境安全要求

1 计算环境安全要求包括但不限于身份鉴别、访问控制、安全审计、入侵方法、恶意代码、可信严重、数据完整性、数据备份恢复、剩余信息保护等。

5 配套专业系统

5.1 一般规定

5.1.2 设备管理信息宜包含以下内容：
  1 基础信息（如设备名称、规格型号、生产厂家、出厂时间等）。
  2 应用信息（如安装时间、安装位置、交付使用时间等）。
  3 特性参数（如额定输入、额定输出、特性曲线、工作模式等）和详细的技术参数、限值等。

5.2 环境与设备监控系统

5.2.1 通风空调提出设置一体化的环境参数监测设备的需求，环境与设备监控设置该设备，并实现车站环境状态的全息感知。

5.2.9 管理卷帘门是指安装于地铁出入口或商业连通通道等位置起到防盗、隔离作用的卷帘门。

5.2.10 垂直电梯的远程监控功能应符合相关国家和行业规范及主管部门的要求。

5.2.11 自动扶梯的远程监控功能应符合相关国家和行业规范及主管部门的要求。

5.3 给排水及消防

5.3.3 手电两用信号蝶阀电子执行机构体积较大，现场安装不便，推荐采用信号蝶阀；空间条件允许的情况下，可设置为手电两用信号蝶阀。

5.3.6 为实现用水量精细化管理，建议在用水量较为集中的点位设置远传式水表。

5.4 门禁系统

5.4.2 第三方人员是指设备维护委外、保洁、临时施工、安检、志愿者等。

5.6 视频监控系统

5.6.2 智能视频分析设备宜支持在线升级和部署智能分析算法，部署的设备应实现车站站台、出入口、换乘通道等重要监控区域的客流总量、密度、分布、流速、路径等数据的实时检测。
5.6.3 异常行为指人员聚集、滞留、混乱、逆行、摔倒、逃票等。

5.8 管理卷帘门

5.8.3 管理卷帘门设置的安全防护措施，可使用红外光幕、视频监控分析、紧急停止按钮等相关手段。

5.9 动力与照明

5.9.1 电能计量表计宜满足单独计量末端设备的需求，实现能耗数据精细化管理。
5.9.2 设备区相关管理用房包括但不限于站长室、交接班室、站务员室、司机休息室等。

5.12 广播系统

5.12.2 多区域是指站厅、上下行站台、换乘通道、出入口、管理用房等;多模式分为人工、自动、消防等模式。